AF204861

Opa

[ˈoːpa] Substantiv *m*

50 GRÜNDE, WARUM DU DER ALLERBESTE BIST!

arsEdition

In diesem besonderen Wörterbuch sind
50 Gründe aufgeführt, warum du
der beste aller Opas bist.
Danke, dass du für mich da bist, Opa!

FÜR

....

VON

....

OPA

IST WIE

PAPA –

nur mit

MEHR ZEIT

UND weniger

REGELN.

anlehnen,
Verb

Bei dir kann ich mich immer anlehnen, wenn ich Zuspruch oder Trost brauche. An deiner Seite fühle ich mich beschützt und geborgen. Das liebe ich besonders an dir.

aua,
Interjektion

Keiner pustet den Schmerz so gut weg wie du, ganz gleich, wie groß das Aua ist. Wenn ich aufs Knie gefallen bin oder mir den Kopf angeschlagen habe: Deine Fürsorge war die schnellste Heilung bei allen Wehwehchen.

Ausnahme,
Substantiv *f*

———————

„Heute machen wir mal eine Ausnahme." Das ist einer meiner Lieblingssätze von dir aus meiner Kindheit. Wobei die Ausnahme mehr Naschereien, länger fernsehen oder länger aufbleiben bedeuten konnte. Du hast mich gelehrt, dass Regeln wichtig sind, aber nicht starr sein müssen. Deine Ausnahmen haben mir gezeigt, dass ich dir in diesem Moment wichtig war. Und das war unendlich wertvoll für mich.

basteln,
Verb

Ganz gleich, ob eine Laterne zum Martinszug oder ein Spielhaus im Garten – Opas sind Meister im Basteln und Handwerken. Dir war kein Projekt zu schwierig oder zeitaufwendig. Mit Geduld und Geschick haben wir gemeinsam viele tolle Dinge geschaffen. Darauf bin ich stolz.

bedingungslos,
Adjektiv

Du liebst bedingungslos. Klar tun das auch Mama und Papa. Aber du bist noch ein bisschen nachsichtiger, geduldiger, wohlwollender, großzügiger und toleranter. Das gibt mir immer ein gutes Gefühl.

OPA

geprüft

UND FÜR
SUPERCOOL
BEFUNDEN!

cool,
Adjektiv

Du bist alles andere als ein
gewöhnlicher Opa. Du
bist cool! Mit dir wird es
nie langweilig. Du steckst
voller Ideen und bist immer
für eine Überraschung gut.
Deine Einfälle und Gedanken
inspirieren mich. Damit hast du
mir unendlich viele wunderbare
Erinnerungen geschenkt.

danke,
Partikel

Ich bin glücklich, dich als Opa
zu haben. Danke, dass du in
meinem Leben bist.

dynamisch,
Adjektiv

Du hast mich nicht nur
in dein Leben eintauchen
lassen, sondern warst auch
immer neugierig, meine
Welt kennenzulernen. Dein
Tatendrang und deine Energie,
die du dabei an den Tag gelegt
hast, sind ein Vorbild für mich.
Von dir habe ich gelernt, dass
ich durch Beharrlichkeit und
Fleiß vieles erreichen, mich
ändern und wachsen kann.

Erinnerungen,
Substantiv *f*

Ich habe viele tolle Erinnerungen an
meine Zeit mit dir. Wenn ich heute
daran denke, machen mich diese
schönen Momente superglücklich.

erklären,
Verb

Niemand erklärt so gut wie du. Wenn ich etwas nicht verstehe oder hinbekomme, weiß ich, wen ich fragen muss. Danke, dass du immer alles weißt und die Geduld hast, es mir zu erklären.

Fels,
Substantiv *m*

Du bist ein echter Fels in der Brandung, Opa. Aufgrund deiner Lebenserfahrung siehst du viele Dinge ganz klar und bestärkst mich, wenn ich unsicher bin. Genau deswegen finde ich es toll, dich in meinem Leben zu haben.

fernsehen,
Verb

Mit dir durfte ich immer ein
bisschen länger fernsehen
als zu Hause. Wenn wir uns
zusammen gemütlich aufs Sofa
gekuschelt und meine liebsten
Kindersendungen geschaut
haben, war für mich die Welt in
Ordnung.

geduldig,
Adjektiv

Du hattest auch nach der
fünften Runde „Mensch ärgere
dich nicht" noch Lust auf ein
weiteres Spiel und bliebst an
jeder Baustelle geduldig stehen,
um Baggern bei der Arbeit
zuzuschauen. Deine Geduld
hat mir das Gefühl gegeben,
wichtig zu dein. Danke, Opa.

gelassen,
Adjektiv

Dich kann nichts aus der Ruhe
bringen – ganz gleich, wie groß
der Trubel oder der Stress ist.
Deine Gelassenheit wirkt auf
mich wie ein beruhigender Tee
nach einem anstrengenden Tag.

Opa,
ich habe
NACHGEMESSEN –
DU
BIST
großartig!

gemütlich,
Adjektiv

Wo du bist, ist Gemütlichkeit.
Du schaffst mit deiner
herzensguten Art immer
und überall eine behagliche
Atmosphäre. Als würde sich
eine warme Decke um meine
Schultern legen, die mir
Geborgenheit gibt.

Geschichten,

Substantiv *f*

Im Geschichtenerzählen bist
du Weltmeister! Du kennst
alle Märchen und denkst dir
die fantasievollsten eigenen
Geschichten aus. Am schönsten
ist es aber, wenn du aus deiner
eigenen Kindheit erzählst. Du
kennst die Familiengeschichte
und alle Familiengeheimnisse.
Danke, dass du diesen
Erinnerungsschatz bewahrt und
mir so viele Geschichten über
meine Familie erzählt hast.

Herz,
Substantiv *n*

Du hast ein großes Herz und
das Herz am richtigen Fleck.
Wann immer ich etwas auf dem
Herzen habe, darf ich mein
Herz auf der Zunge tragen und
dir mein Herz ausschütten. Von
dir habe ich gelernt, dass man
nur mit dem Herzen gut sieht.
Deshalb möchte ich dir von
Herzen sagen: Ich finde es toll,
dass wir ein Herz und eine Seele
sind.

∞

immer,
Adverb

—————

Du bist immer für mich da. Du hast auf mich aufgepasst, wenn Mama und Papa mal keine Zeit hatten. Du hast stundenlang mit mir gespielt. Du hast mir zugehört, wenn ich Probleme oder Sorgen hatte. Ganz gleich, was ich brauche, auf dich ist immer Verlass.

Interesse,
Substantiv *n*

—————

Du weißt immer, was in meinem Leben los war. Auch heute noch verfolgst du das, was ich tue, mit großem Interesse. Und wenn ich dich brauche, bist du für mich da. Das gibt mir Halt und ein gutes Gefühl.

ja,
Partikel

Das Wort „Nein" existiert
nicht in deinem Sprachschatz.
Der ausgefallenste Wunsch,
die verrückteste Spielidee –
immer hast du sofort Ja
gesagt. Dir ist nichts zu viel
oder zu anstrengend. Du
begegnest meinen Einfällen
immer mit Zustimmung
und Wertschätzung. Das ist
unendlich wertvoll für mich.

jung geblieben,
Adjektiv

Man sagt ja, Enkel halten Großeltern jung! Liegt es an der Bewegung auf dem Spielplatz oder am Geschichtenerzählen, das die grauen Zellen fordert? Wie dem auch sei: Ich freue mich, dass ich einen kleinen Anteil daran habe, dass du zu den „Junggebliebenen" zählst. So profitieren wir beide aufs Schönste von unserer Beziehung!

kuscheln,
Verb

Nichts ist schöner, als mit Opa zu kuscheln. Wenn wir früher ganz eng aneinandergeschmiegt zusammengesessen haben und du deinen Arm um mich gelegt hast, war für mich die Welt in Ordnung.

in **OPAS** *Armen* iST DAS **PARADiES**

Lebenserfahrung,
Substantiv *f*

Mit deinem großen Schatz an
Lebenserfahrung gibst du mir
oft eine andere Perspektive auf
die Welt und auf das Leben.
Das ist ein wunderbares
Geschenk.

Lebensfreude,
Substantiv *f*

Du liebst das Leben und das
merkt man dir an. Deine
Lebensfreude ist ansteckend –
der „Übertragungsweg" ist dein
Lob, dein Lächeln oder ein
verständnisvolles Gespräch mit
dir. Von diesem Glücksgefühl
lasse ich mich immer wieder
gern infizieren.

motivieren,
Verb

Du hast immer an mich
geglaubt – selbst wenn ich an
mir gezweifelt habe. Danke,
dass du immer so viel Vertrauen
in mich und meine Fähigkeiten
hast und mich motivierst,
weiterzumachen und meinen
Weg zu gehen.

mutig,
Adjektiv

Von dir habe ich gelernt, mutig
zu sein. Du hast mir den Mut
gegeben, meine Meinung
zu sagen, mich zu wehren,
neugierig etwas zu wagen und
für das einzustehen, was ich
denke und fühle. Das hat mich
stark gemacht.

Nähe,
Substantiv *f*

Ganz gleich, wie oft ich dich sehe, es ist immer toll. Das Gefühl von Wertschätzung und Liebe, das ich habe, wenn ich mit dir zusammen bin, ist einfach schön. Es tut mir gut, in deiner Nähe zu sein.

neugierig,
Adjektiv

Du bist immer offen für Neues und scheust dich nicht, auch meine Welt und meine Themen zu entdecken, obwohl der Altersunterschied zwischen uns so groß ist. Von dir habe ich gelernt, neugierig zu sein und mit offenen Augen durchs Leben zu gehen.

Ohr,
Substantiv *n*

Du hast für mich immer ein offenes Ohr. Zu dir kann ich mit jeder Sorge und mit jedem Problem kommen. Du hörst geduldig zu und hast Verständnis. Das war schon immer so und trifft auch heute noch zu. Das hilft mir so sehr.

Optimismus
Substantiv *m*

Du lässt dir deine gute Laune
nicht verderben und blickst
immer zuversichtlich aufs
Leben. Von dir habe ich gelernt,
dass man auch in schlechten
Dingen oft etwas Gutes sehen
kann. Deinen Optimismus
finde ich einfach umwerfend!

perfekt,

Adjektiv

———————

Für mich bist du perfekt, so
wie du bist. Von dir weiß ich
aber auch, dass es nicht darauf
ankommt, perfekt zu sein, und
dass Fehler machen menschlich
ist.

positiv,
Adjektiv

———————

Du zeigst mir immer wieder,
wie schön das Leben sein kann,
und bestärkst mich darin, die
positiven Dinge zu sehen.

Wer QUATSCH macht, ♥ ist jung!

Quatsch,
Substantiv *m*

Mit Opas können Enkelkinder
den lustigsten Quatsch machen.
Danke, Opa, für die vielen
Stunden lachen, kichern,
rumalbern und ausgelassen sein.

Ratgeber,
Substantiv *m*

Wenn es mal schwierig läuft,
hilfst du mir mit geduldigem
Zuhören und einem guten
Ratschlag. Vor allem bei
Themen, die ich vielleicht nicht
unbedingt mit Mama und
Papa besprechen will, ist mir
deine Sicht der Dinge wichtig.
Du bist als Ratgeber der beste
Support im Leben!

reparieren,
Verb

Wenn du etwas nicht
reparieren kannst, dann muss
es sich um etwas handeln, das
schlicht nicht zu reparieren
ist! Fahrradreifen flicken oder
zerbrochenes Spielzeug kleben –
von deinem Talent könnte sich
mancher Handwerker etwas
abschauen.

WENN OPA es nicht reparieren kann, SCHAFFT ES KEINER.

Schatz,
Substantiv *m*

Opas sind einfach kostbar und durch nichts zu ersetzen. Einen Opa wie dich zu haben, ist ein kostbarer Schatz in meinem Leben.

Schlafenszeit,
Substantiv *f*

Mit der Schlafenszeit hast du es oft nicht so genau genommen. Obwohl ich längst im Bett hätte sein müssen, hast du noch mit mir Karten gespielt oder mir Geschichten vorgelesen. Das musste natürlich immer unser kleines Geheimnis vor Mama und Papa bleiben.

spielen,
Verb

Brettspiele, Quartett, Fußball,
Puppen, Verstecken oder
Fangen … Die Liste der Dinge,
die du mit mir gespielt hast,
lässt sich unendlich fortführen.
Dir war es nie zu lang, zu oft
oder zu wild. Danke, Opa,
dass ich mich an deiner Seite
unbeschwert ausprobieren und
entwickeln durfte.

Taschengeld,
Substantiv *n*

———

Du hast mir immer mit einem Augenzwinkern ein wenig Extra-Taschengeld zugesteckt, damit ich mir kleine und große Wünsche erfüllen kann. Das war stets unser süßes Geheimnis. Mit deiner Unterstützung hast du mir eine riesige Freude gemacht. Dafür danke ich dir von Herzen.

teilen,
Verb

———

Einen Opa, mit dem man Geheimnisse, Sorgen und glückliche Momente teilen kann – das ist auch für eine:n erwachsene:n Enkel:in das Beste im Leben.

unterstützen,
Verb

Tatkräftig, emotional,
mit einem Ratschlag oder
finanziell – du hast mich auf so
vielfältige Weise unterstützt und
damit viel in meine Zukunft
investiert. Das werde ich dir nie
vergessen.

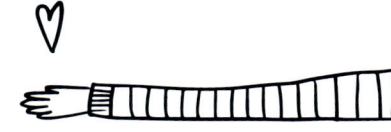

vorlesen,
Verb

Natürlich haben auch Mama und Papa gern vorgelesen. Aber du warst viel ausdauernder. Eine Geschichte und dann geht's ins Bett? Nicht bei dir! Du hast mein Lieblingsbuch noch mal und noch mal gelesen, bis ich es auswendig konnte.

Werte,
Substantiv *f*

Empathie, Solidarität,
Fairness, Ehrlichkeit, Respekt,
Toleranz, Verlässlichkeit und
Verantwortungsgefühl – von dir
habe ich diese Werte gelernt,
weil du sie mir vorgelebt hast.
Danke, Opa.

wissen,
Verb

Du weißt so viel! Du kannst
einen Ahorn von einer Buche
unterscheiden, du erkennst
eine Drossel am Gesang und
du kannst aus dem Stegreif
erklären, wie alles Mögliche
funktioniert. Und das
alles, ohne zu googeln. Das
beeindruckt mich sehr.

Wochenende,
Substantiv *n*

Ein ganzes Wochenende mit
dir – das war immer wie ein
All-inclusive-Kurzurlaub für
mich. Volle Aufmerksamkeit,
tolle Aktivitäten, leckeres Essen
und Gemütlichkeit. Ein echtes
Highlight!

Glück ist, ZEIT mit dem OPA zu verbringen

XL,
Abkürzung

Um deine Eigenschaften zu beschreiben, muss man die höchste Steigerungsstufe verwenden: Du bist in so vielen Dingen „XL". Besonders groß sind deine Erfahrung, deine Wertschätzung, deine Großzügigkeit, dein Ideenreichtum, deine Gemütlichkeit. Und deswegen ist meine Liebe zu dir auch XXL!

x-mal,
Zahlwort

Du hast mir x-mal dieselbe Geschichte vorgelesen, x-mal mein Lieblingsspiel mit mir gespielt, x-mal mit mir meine Lieblingssendung angeschaut, x-mal geduldig alle meine Fragen beantwortet – wobei das x für 5, 10, 100 oder unendlich stehen konnte. Danke, Opa, für deine x-fache Geduld.

Yoga,
Substantiv *n*

Mit dir Zeit zu verbringen,
ist wie Yoga: Es reduziert
Stress, bewirkt Entspannung,
schenkt Energie und fördert
das Wohlbefinden. Das tut mir
richtig gut!

Zeit,
Substantiv *f*

Ich bin glücklich, dass du mir
so viel von dem Wertvollsten
in deinem Leben geschenkt
hast: deiner Zeit. Wenn Mama
und Papa sich bei all dem
Alltags- und Berufsstress nicht
so ausgiebig kümmern konnten,
aber du hast dir immer Zeit für
mich genommen. Dafür liebe
ich dich besonders.

Zuhause,
Substantiv *n*

Bei dir ist mein zweites
Zuhause. Hier fühle ich mich
wohl und geborgen, aufgehoben
und sicher. Bei dir kann ich
ganz ich selbst sein und einfach
mal durchatmen – auch bei
Sorgen und Kummer.

Dieses Buch wendet sich ausdrücklich an alle Opas bzw. an alle Bezugspersonen von (auch schon erwachsenen) Kindern. Ob Pflegegroßeltern, Bonusgroßelternteile, Erziehungsberechtigte oder einfach „gefühlte" Opas – dieses Buch ist für jeden, der sich mit Opa angesprochen fühlt, gedacht.

Danke, dass ihr da seid!

———————

In einigen Fällen war es nicht möglich, für den Abdruck der Texte die Rechteinhaber:innen zu ermitteln. Honoraransprüche der Autor:innen, Verlage und ihrer Rechtsnachfolger:innen bleiben gewahrt.

Bildnachweis

Handlettering und Illustrationen Innenteil: Eva Jahnen
Gestaltung Cover: Grafisches Atelier, arsEdition GmbH
Innenlayout: Eva Jahnen
Text: Christine Schlitt

ISBN 978-3-8458-6266-8

www.arsedition.de